NAJBOLJA KNJIGA O APERITIVU NAKON SKIJANJA

100 ugodnih pića za zagrijavanje zime

Mara Kasun

Materijal autorskih prava ©2023

Sva prava pridržana

Nijedan dio ove knjige ne smije se koristiti ili prenositi u bilo kojem obliku ili na bilo koji način bez odgovarajućeg pisanog pristanka izdavača i vlasnika autorskih prava, osim kratkih citata korištenih u recenziji . Ovu knjigu ne treba smatrati zamjenom za medicinske, pravne ili druge stručne savjete.

SADRŽAJ _

- SADRŽAJ _ 3
- UVOD 6
- **ZIMSKI KOKTELI** 7
  - 1. RUMSARLA 8
  - 2. COCK-A-DOODLE DOO 10
  - 3. LJUBIČASTO CRVENI GRAD 12
  - 4. BRESKVA F I ZZ 14
  - 5. SMRZNUTI DŽULEP OD MENTE 16
  - 6. MADEIRA MINT FLIP 18
  - 7. MOŽE CVJETATI FIZZ 20
  - 8. PJENUŠAVI KOKTEL OD JAGODE 22
  - 9. ŠAMPANJAC BLUES 24
  - 10. KAVA FLIP 26
  - 11. FLIP S RAKIJOM 28
  - 12. JUTARNJE PODIZANJE VELEPOSLANIKA 30
- **VRUĆI DJEČIĆI** 32
  - 13. BELGIJSKI HOT TODDY 33
  - 14. CHAI HOT TODDY 35
  - 15. CHEESY HOT TODDY 37
  - 16. PEACH HOT TODDY 39
  - 17. HOT TODDY ELIKSIR OD BAZGE 41
  - 18. HEATHER HONEY HOT TODDY 43
- **KUHANA PIĆA** 45
  - 19. KUHANO VINO OD RUŽMARINA I CRNI ČAJ 46
  - 20. KUHANO VINO 48
  - 21. KUHANO PIVO SA ZAČINIMA I RAKIJOM 50
- **VRUĆA ČOKOLADA** 52
  - 22. TOPLA ČOKOLADA ZAČINJENA KARDAMOMOM I RUŽOM 53
  - 23. ZAČINJENA TOPLA ČOKOLADA NADAHNUTA MEKSIKOM 55
  - 24. TOPLA ČOKOLADA ZAČINJENA MEDENJACIMA 57
  - 25. CHAI ZAČINJENA TOPLA ČOKOLADA 59
  - 26. PETA TOPLA ČOKOLADA 61
  - 27. VRUĆA ČOKOLADA RED VELVET 63
  - 28. VRUĆA ČOKOLADA SA SIROM 65
  - 29. TOPLA ČOKOLADA S KOZJIM SIROM I MEDOM 67
  - 30. PLAVI SIR VRUĆA ČOKOLADA 69
  - 31. TOPLA ČOKOLADA S PARMEZANOM I MORSKOM SOLI 71
  - 32. PEPPER JACK I CAYENNE VRUĆA ČOKOLADA 73
  - 33. TOBLERONE VRUĆA ČOKOLADA 75
  - 34. FERRERO ROCHER TOPLA ČOKOLADA 77

35. Honeycomb Candy Topla čokolada 79
36. Javorova topla čokolada 81
37. Rose Hot Chocolate 83
38. Vruća čokolada s cvijetom naranče 85
39. Topla čokolada s cvijetom bazge 87
40. Hibiskus vruća čokolada 89
41. Topla čokolada s lavandom 91
42. Tamna Matcha topla čokolada 93
43. Mint topla čokolada 95
44. Topla čokolada s ružmarinom 97
45. Topla čokolada s bosiljkom 99
46. Vruća čokolada od kadulje 101
47. Gingerbread Hot Chocolat e 103
48. Pudsey medvjedić keksi H ot čokolada 105
49. Brownie topla čokolada 107
50. Açaí vruća čokolada 109
51. Vruća čokolada Schwarzwald 111
52. Vruća čokolada s jagodama 113
53. Narančasta topla čokolada 115
54. Topla čokolada s malinom 117
55. Topla čokolada od banane 119
56. Topla čokolada s kokosom 121
57. Topla čokolada Nutella 123
58. Vruća čokolada inspirirana PB&J 125
59. Vruća čokolada s maslacem od kikirikija i bananom 127
60. Serendipityjeva smrznuta topla čokolada 129
61. Amaretto topla čokolada 131
62. Vruća čokolada s vinom 133
63. Topla čokolada s pepermintom 135
64. Baileys Irish Cream Topla čokolada 137
65. RumChata začinjena topla čokolada 139
66. Topla čokolada sa začinjenom narančom 141
67. Začinjena Aztec topla čokolada s tekilom 143

KAVA **145**
68. Espresso Shot 146
69. Drip kava 149
70. Cafe Au Lait 151
71. Klasični amerikanac 153
72. Macchiato 155
73. Moka 157
74. Meksička začinjena kava 159
75. Hong Kong Yuanyang 161
76. Španjolski Cortado 163
77. Talijanska Granita Al Caffe 165

78. Vijetnamska kava s jajima 167
79. Švedska kava s jajima 169
80. Turska kava 171
81. Latte s cimetom i vanilijom 173
82. Kava od jaja 175
83. Začinska kava od innamona i bundeve 177
84. Brvnara Latte 179
85. Tostirani Marshmallow Cafe Mocha 181
86. Minty Mocha Mocktail 183
87. Hladnjak za kavu od kokosa 185
88. Orange Spice kava 187
89. Caramel Macchiato Mocktail 189
90. Ledena kava od badema 191
91. Ledena javorova kava 193
92. Ledeni Mochaccino 195
93. Gorka ledena kava 197

BILJNE INFUZIJE I ČAJEVI 199
94. Hibiskus-jabuka čaj 200
95. Marokanski čaj od mente 202
96. Čaj s ružinim mlijekom 204
97. Čaj od meda od anisa 206
98. Ledeni čaj od paprene metvice 208
99. Ledeni čaj od kamilice 210
100. Čaj od mente i lavande 212

ZAKLJUČAK 214

UVOD

Dok zima prekriva svijet netaknutim slojem snijega, strastveni skijaši i ljubitelji snijega željno očekuju uzbuđenje spuštanja na skijaške padine. Međutim, za mnoge se prava čarolija zimskih sportova proteže izvan uzbudljivih staza i adrenalinskih spustova— to je očaravajući svijet nakon skijanja. Ugodan ambijent planinske kolibe, pucketanje kamina i veselo druženje prijatelja i kolega skijaša stvaraju savršeno okruženje za slavlje nakon skijanja.

U srcu ove zimske zemlje čudesa, predstavljamo "NAJBOLJA KNJIGA O APERITIVU NAKON SKIJANJA", divnu kolekciju od 100 ugodnih pića pomno odabranih da zagriju vašu dušu nakon dana snježnih avantura. Bilo da ste svladali izazovne staze s crnim dijamantom ili proveli dan graciozno klizeći niz blage padine, naši su recepti osmišljeni kako bi podigli vaše iskustvo nakon skijanja na nove visine.

Krenimo na putovanje stranicama ove kuharice, gdje je svaki recept dokaz bogate tapiserije okusa koje zima nudi. Od klasičnih vrućih čokolada koje evociraju uspomene iz djetinjstva do inovativnih mješavina koje spajaju sezonske sastojke s daškom sofisticiranosti, ovi su napitci više od običnih napitaka—oni su sastavni dio rituala après-ski.

Dakle, okupite se oko vatre, umotajte se u udobnu dekicu i pustite da toplina ovih pića otopi zimsku hladnoću. "NAJBOLJA KNJIGA O APERITIVU NAKON SKIJANJA" vaš je pratilac u stvaranju nezaboravnih trenutaka, bilo da organizirate okupljanje nakon skijanja, uživate u mirnoj večeri uz vatru ili jednostavno uživate u zimskim radostima u zatvorenom prostoru.

ZIMSKI KOKTELI

1.Rumsarla

SASTOJCI:
- 3/4 unce suhe marsale
- Liker od đumbira Domaine de Canton
- 30 ml vode mladog kokosa
- 45 ml začinjenog ruma
- 250 grama tamnog ruma

UPUTE:
a) Shaker za koktele napunite ledom.
b) Dodajte sve sastojke.
c) Promiješati.
d) Procijedite u čašu

2. Cock-a-doodle doo

SASTOJCI:
- 1 1/4 unce 151 otpornog ruma
- 1/2 unce crème de noyaux
- 6 unci soka od marakuje
- Mlaz soka od nara
- Kriške naranče

UPUTE:
a) Ulijte Collinsovu čašu s ledom.
b) Uživati!

3.Ljubičasto crveni grad

SASTOJCI:
- Splash liker od malina
- 3 unce votke
- 1 unca svježeg soka od crvene cikle
- 1 unca amaro
- 1 žličica pimenta dram
- Chambord

UPUTE:
a) Shaker za koktele napunite ledom.
b) Dodajte sve sastojke
c) Tresti.
d) Procijedite u čašu.

4. Breskva fizz

SASTOJCI:
- 3 zrele breskve
- 6 unci ružičaste limunade
- 6 unci votke
- Kockice leda za punjenje blendera

UPUTE:
a) U blender stavite breskve, ružičastu limunadu, votku i led.
b) Miješajte dok se led ne smrvi.
c) Stavite u zamrzivač na četiri sata.
d) Ulijte u highball čaše.

5. Smrznuti džulep od mente

SASTOJCI:
- 2 unce burbona
- 1 unca limunovog soka
- 1 unca šećernog sirupa
- 6 listova metvice
- 6 unci smrvljenog leda

UPUTE:
a) Muddle bourbon, limunov sok, šećerni sirup i listići mente u čaši.
b) Ulijte smjesu i led u blender.
c) Miješajte velikom brzinom 15 ili 20 sekundi.
d) Ulijte u ohlađenu highball čašu.
e) Ukrasite grančicom mente.

6.Madeira mint flip

SASTOJCI:
- 1 1/2 unce Madeire
- 1 unca likera od čokolade i mente
- 1 malo jaje
- 1 žličica šećera

UPUTE:
a) Shaker za koktele napunite ledom.
b) Dodajte madeiru, liker, jaje i šećer.
c) Tresti.
d) Procijedite u ohlađenu Delmonico čašu.
e) Pospite muškatnim oraščićem.

7.Može cvjetati fizz

SASTOJCI:
- 1 žličica grenadina
- 1/2 unce limunovog soka
- 1 unca klub soda
- 2 unce Punsch

UPUTE:
a) Shaker za koktele napunite ledom.
b) Dodajte grenadin, limunov sok, gaziranu vodu i Punsch.
c) Tresti.
d) Procijedite u staromodnu čašu.
e) Vrh sa sodom.

8.Pjenušavi koktel od jagode

SASTOJCI:
- 1 šalica oguljenih jagoda — svježih ili smrznutih
- ½ unce (1 žlica) svježe iscijeđenog soka od limuna
- boca (750 ml) šampanjca Brut
- 10 oz vode

UPUTE:
a) Stavite jagode, limunov sok i vodu u blender ili procesor hrane. Pasirajte dok ne postane glatko.
b) Žlicom stavite 1 do 2 žlice pirea na dno žlice za šampanjac i prelijte ga šampanjcem. Dugom žlicom vrlo lagano promiješajte
c) Pijuckajte !

9.Šampanjac blues

SASTOJCI:
- 1/5 plavog curacaoa
- 8 unci soka od limuna
- 4/5 suhog šampanjca
- Kora dva limuna

UPUTE:
a) Ohladite sve sastojke.
b) Ulijte curacao i limunov sok u zdjelu za punč (bez leda).
c) Promiješati.
d) Dodajte šampanjac.
e) Lagano promiješajte.
f) Kore limuna isplivajte u zdjelu.

10.Kava flip

SASTOJCI:
- 1 unca konjaka
- 1 unca tawny porta
- 1 malo jaje
- 1 žličica šećera

UPUTE:
a) Shaker za koktele napunite ledom.
b) Dodajte konjak, porto, jaje i šećer.
c) Tresti.
d) Procijedite u ohlađenu delmonico čašu.
e) Pospite muškatnim oraščićem.

11.Flip s rakijom

SASTOJCI:
- 1 unca rakije
- 1 unca rakije s okusom marelice
- 1 malo jaje
- 1 žličica šećera

UPUTE:
a) Shaker za koktele napunite ledom.
b) Dodajte rakije, jaje i šećer.
c) Tresti.
d) Procijedite u ohlađenu Delmonico čašu.
e) Pospite muškatnim oraščićem.

12. Jutarnje podizanje veleposlanika

SASTOJCI:
- 32 unce pripremljenog mliječnog likera od jaja
- 6 unci konjaka
- 3 unce jamajčanskog ruma
- 3 unce kreme od kakaa

UPUTE:
a) Sve sastojke izlijte u zdjelu za punč.
b) Promiješati.
c) Svaku porciju pospite muškatnim oraščićem.

VRUĆI DJEČIĆI

13. Belgijski Hot Toddy

SASTOJCI:
- 1 šalica vruće vode
- 2 unce belgijskog viskija ili genevera
- 1 žlica meda
- 1 kriška limuna
- klinčići (po želji)

UPUTE:
a) U šalici pomiješajte vruću vodu, belgijski viski ili genever i med.
b) U smjesu dodajte krišku limuna.
c) Po želji krišku limuna nabodite klinčićima.
d) Dobro promiješajte i ostavite da odstoji nekoliko minuta prije posluživanja.

14. Chai Hot Toddy

SASTOJCI:
- 3 šalice vode
- 1 štapić cimeta
- 6 cijelih klinčića
- 6 mahuna kardamoma, malo zdrobljenih
- 2 vrećice čaja
- ¼ šalice začinjenog ruma ili burbona
- 2 žlice meda
- 1 žlica svježe iscijeđenog soka od limuna ili 2 kriške limuna

UPUTE:
a) U srednje velikoj tavi pomiješajte vodu, štapiće cimeta, klinčiće i malo zdrobljene mahune kardamoma. Ako imate infuzer za čaj, možete staviti začine u njega kako biste izbjegli kasnije cijeđenje. Pustite smjesu da zakuha.
b) Maknite lonac s vatre i dodajte vrećice chai čaja. Pokrijte ih i ostavite da se kuhaju 15 minuta. Nakon toga procijedite smjesu kroz fino sito kako biste uklonili vrećice čaja i začine.
c) Vratite začinjeni čaj u tavu i zagrijte dok se ne zagrije.
d) Umiješajte začinjeni rum (ili burbon), med i sok od limuna ako želite. Dobro promiješajte.
e) Vrući toddy podijelite u dvije zagrijane šalice i odmah poslužite. Alternativno, poslužite svaku šalicu s kriškom limuna za cijeđenje soka po ukusu. Uživati!

15. Cheesy Hot Toddy

SASTOJCI:
- 1 šalica vruće vode
- ½ unce limunovog soka
- 1 žlica meda
- 1 štapić cimeta
- 1 unca ribanog američkog sira

UPUTE:
a) U šalici pomiješajte vruću vodu, limunov sok, med i štapić cimeta. Promiješajte da se sjedini.
b) Dodajte naribani američki sir i miješajte dok se ne otopi i sjedini.
c) Izvadite štapić cimeta i poslužite.

16. Peach Hot Toddy

SASTOJCI:
- 40 oz (1 boca) Dole Pure & Light Orchard sok od breskve
- 1/4 c smeđeg šećera (pakirano)
- 2 štapića cimeta
- 2 žlice maslaca/margarina
- 1/2 c rakije od breskve (po želji)
- Dodatni štapići cimeta kao ukras.

UPUTE:
a)   Pomiješajte sok, smeđi šećer, štapiće cimeta i maslac/margarin u pećnici ili poklopljenoj tavi i zagrijte do vrenja.
b)   Maknite s vatre i bacite štapiće cimeta, dodajte rakiju, (po želji) ukrasite kriškom breskve i štapićem cimeta te poslužite.

17.Hot Toddy eliksir od bazge

SASTOJCI:
- 2 šalice irskog viskija
- ½ šalice suhih bobica bazge
- Svježi đumbir od 2 inča, tanko narezan
- Štapić cimeta od 1 do 3 inča, slomljen
- 6 do 8 cijelih klinčića
- ½ šalice meda

UPUTE:
a) Pomiješajte viski, bobice bazge, đumbir, cimet i klinčiće u srednje velikoj tavi.
b) Kuhajte 1 sat na laganoj vatri uz povremeno miješanje. Nemojte kuhati.
c) Maknite s vatre nakon 1 sata. Pokrijte i ostavite da odstoji 1 sat.
d) Dok je smjesa viskija još topla, ulijte je kroz fino cjedilo u staklenku. Odbacite začinsko bilje i začine.
e) Očistite lonac i vratite viski u tavu.
f) Dodajte med u topli viski i lagano miješajte dok se dobro ne sjedini.
g) Kad se potpuno ohladi, pretočite u staklenku ili lijepu bocu od likera i čuvajte u smočnici na sobnoj temperaturi.

18. Heather Honey Hot Toddy

SASTOJCI:
- 2 oz škotskog viskija
- 1 žlica meda od vrijeska
- Vruća voda
- kriška limuna
- klinčići (po želji)

UPUTE:
a) U šalicu izmjerite 2 unce željenog škotskog viskija.
b) Dodajte žlicu meda od vrijeska u šalicu.
c) Iscijedite krišku limuna u šalicu. Po želji, možete zaboditi nekoliko klinčića u krišku limuna za dodatni okus.
d) Ulijte vruću vodu u šalicu, puneći je do željene jačine.
e) promiješajte smjesu , pazeći da se med potpuno otopi.
f) Ostavite napitak da odstoji minutu ili dvije kako bi se okusi stopili.
g) Kušajte i prilagodite slatkoću ili kiselost dodavanjem još meda ili limuna ako je potrebno.
h) Uklonite krišku limuna i klinčiće.

KUHANA PIĆA

19. Kuhano vino od ružmarina i crni čaj

SASTOJCI:
- 1 Bottle claret; ILI... drugo crno vino punog okusa
- 1 litra Crni čaj pref. Assam ili Darjeeling
- ¼ šalice Blagi med
- ⅓ šalice Šećer; ili po ukusu
- 2 Naranče narezati na tanke ploške i očistiti ih od sjemenki
- 2 Štapići cimeta (3 inča)
- 6 Cijeli klinčić
- 3 Grančice ružmarina

UPUTE:
a) Ulijte vino i čaj u nehrđajuću posudu za umake. Dodajte med, šećer, naranče, začine i ružmarin. Zagrijte na laganoj vatri dok se ne zapari. Miješajte dok se med ne otopi.
b) Maknite posudu s vatre, poklopite i ostavite da odstoji najmanje 30 minuta.
c) Kad je spremno za posluživanje, zagrijte ga dok ne prokuha i poslužite vruće.

20. Kuhano vino

SASTOJCI:
- 1 boca crnog vina
- 2 naranče
- 3 štapića cimeta
- 5 Zvjezdasti anis
- 10 cijelih klinčića
- 3/4 šalice smeđeg šećera

UPUTE:
a) Sve sastojke osim naranči stavite u lonac srednje veličine.
b) Oštrim nožem ili gulilicom ogulite polovicu jedne naranče. Izbjegavajte guliti što je više moguće srž (bijeli dio), jer ima gorak okus.
c) Ocijedite sok od naranče i dodajte u lonac zajedno s narančinom koricom.
d) Na srednje jakoj vatri zagrijte smjesu dok ne prokuha. Smanjite vatru da lagano krčka. Zagrijte 30 minuta da se začini prožmu.
e) Procijedite vino i poslužite u šalicama otpornim na toplinu.

21.Kuhano pivo sa začinima i rakijom

SASTOJCI:
- 18 unci božićnog piva
- 2½ žlice tamno smeđeg šećera
- 4-6 klinčića po ukusu
- 2 zvjezdice anis
- 1 štapić cimeta
- ½ žličice mljevenog muškatnog oraščića
- 6 komada narančine kore
- 3 unce rakije

UPUTE:
a) U tavi ili malom loncu pomiješajte pivo (jedna i pol boca, ukupno 18 unci) sa smeđim šećerom i muškatnim oraščićem, dodajte klinčiće, zvjezdasti anis, štapić cimeta i koricu naranče.
b) Pustite da lagano kuha (ne dopustite da zakipi), miješajte da se šećer otopi i ostavite da kuha 2-3 minute da se dobro prože začinima.
c) Maknite s vatre i dodajte rakiju.
d) Poslužite u šalicama, ukrašeno kriškom naranče, i uživajte odgovorno.

VRUĆA ČOKOLADA

22. Topla čokolada začinjena kardamomom i ružom

SASTOJCI:
- 2 šalice mlijeka (mliječnog ili alternativnog mlijeka)
- 2 žlice kakaa u prahu
- 2 žlice šećera (po želji)
- ½ žličice mljevenog kardamoma
- ¼ žličice ružine vodice
- Prstohvat mljevenog cimeta
- Šlag i suhe latice ruže za ukras
- Marshmallows, za preljev

UPUTE:
a) U loncu zagrijte mlijeko na srednje jakoj vatri dok ne postane vruće, ali ne zavrije.
b) U maloj posudi pomiješajte kakao prah, šećer, kardamom, ružinu vodicu i cimet.
c) Postupno umiješajte smjesu kakaa u vruće mlijeko dok se ne sjedini i postane glatka.
d) Nastavite zagrijavati smjesu dok ne postigne željenu temperaturu, povremeno miješajući.
e) Začinjenu toplu čokoladu ulijte u šalice i ukrasite šlagom, marshmallow listićima i suhim laticama ruže. Poslužite i uživajte!

23. Začinjena topla čokolada nadahnuta Meksikom

SASTOJCI:
- 2 šalice mlijeka (mliječnog ili alternativnog mlijeka)
- 2 unce tamne čokolade, sitno nasjeckane
- 2 žlice kakaa u prahu
- 2 žlice šećera (po želji)
- ½ žličice mljevenog cimeta
- ¼ žličice mljevenog muškatnog oraščića
- Prstohvat kajenskog papra (po želji)
- Šlag i kakao prah za ukrašavanje

UPUTE:
a) U loncu zagrijte mlijeko na srednje jakoj vatri dok ne postane vruće, ali ne zavrije.
b) U mlijeko dodajte nasjeckanu tamnu čokoladu, kakao prah, šećer, cimet, muškatni oraščić i kajenski papar (ako ga koristite).
c) Neprestano miješajte dok se čokolada ne otopi , a smjesa postane glatka i dobro sjedinjena.
d) Začinjenu vruću čokoladu nastavite zagrijavati uz povremeno miješanje dok ne postigne željenu temperaturu.
e) Ulijte u šalice, na vrh stavite šlag i pospite kakaom u prahu. Poslužite i uživajte!

24. Topla čokolada začinjena medenjacima

SASTOJCI:
- 2 šalice mlijeka (mliječnog ili alternativnog mlijeka)
- 2 žlice kakaa u prahu
- 2 žlice smeđeg šećera
- ½ žličice mljevenog đumbira
- ½ žličice mljevenog cimeta
- ¼ žličice mljevenog muškatnog oraščića
- Prstohvat mljevenog klinčića
- Šlag i mrvice od medenjaka za ukrašavanje

UPUTE:
a) U loncu zagrijte mlijeko na srednje jakoj vatri dok ne postane vruće, ali ne zavrije.
b) U maloj posudi pomiješajte kakao prah, smeđi šećer, đumbir, cimet, muškatni oraščić i klinčiće.
c) Postupno umiješajte smjesu kakaa u vruće mlijeko dok se ne sjedini i postane glatka.
d) Začinjenu vruću čokoladu nastavite zagrijavati uz povremeno miješanje dok ne postigne željenu temperaturu.
e) Ulijte u šalice, prelijte šlagom i po vrhu pospite mrvicama keksa od đumbira. Poslužite i uživajte!

25. Chai začinjena topla čokolada

SASTOJCI:
- 2 šalice mlijeka (mliječnog ili alternativnog mlijeka)
- 2 žlice kakaa u prahu
- 2 žlice šećera (po želji)
- 1 žličica listova chai čaja (ili 1 vrećica chai čaja)
- ½ žličice mljevenog cimeta
- ¼ žličice mljevenog kardamoma
- Prstohvat mljevenog đumbira
- Šlag i malo cimeta za ukras

UPUTE:
a) U loncu zagrijte mlijeko na srednje jakoj vatri dok ne postane vruće, ali ne zavrije.
b) Dodajte listove chai čaja (ili vrećicu čaja) u mlijeko i ostavite da se kuha 5 minuta. Uklonite listiće čaja ili vrećicu čaja.
c) U maloj posudi pomiješajte kakao prah, šećer, cimet, kardamom i đumbir.
d) Postupno umiješajte smjesu kakaa u vruće mlijeko dok se ne sjedini i postane glatka.
e) Začinjenu vruću čokoladu nastavite zagrijavati uz povremeno miješanje dok ne postigne željenu temperaturu.
f) Ulijte u šalice, prelijte šlagom i pospite cimetom. Poslužite i uživajte!

26.Peta topla čokolada

SASTOJCI:
- ½ šalice nezaslađenog kakaa u prahu
- ½ šalice šećera
- 1 crtica soli
- ½ šalice vode
- 6 šalica vanilije sojinog mlijeka
- šlag od tofua
- štapići cimeta

UPUTE:
a) U tavi od 2 litre pomiješajte kakao, šećer i sol dok se dobro ne izmiješaju.
b) Dodajte vodu i miješajte dok ne postane glatko. Smjesu kuhajte na srednjoj vatri dok ne zavrije uz stalno miješanje žlicom ili žičanom pjenjačom.
c) Smanjite vatru i kuhajte 2 min, neprestano miješajući.
d) Umiješajte sojino mlijeko i zagrijavajte dok se oko ruba ne stvore sitni mjehurići, neprestano miješajući. Maknite posudu s vatre. Tucite žičanom pjenjačom ili električnim mikserom dok ne postane glatko i pjenasto, a zatim ulijte u šalice od 8 unci.
e) Prelijte tučenim tofuom i ukrasite štapićima cimeta.

27. Vruća čokolada Red Velvet

SASTOJCI:
- 14 unci zaslađenog kondenziranog mlijeka
- 1 šalica gustog vrhnja
- 6 šalica punomasnog mlijeka
- 1 šalica poluslatkih komadića čokolade
- 1 žlica ekstrakta vanilije
- 1 žlica krem sira
- 4 kapi crvenog prehrambenog gela

UPUTE:
a) Dodajte zaslađeno kondenzirano mlijeko, komadiće čokolade, vrhnje, mlijeko i ekstrakt vanilije u sporo kuhalo i kuhajte na laganoj vatri 3 sata, miješajući svaki sat. Čokolada i mlijeko u sporom kuhalu
b) Nakon što se čokolada otopi, umiješajte krem sir i crvenu prehrambenu boju.
c) Po želji nastavite kuhati ili smanjite vatru da se zagrije i poslužite. Čokolada u laganom kuhalu
d) Ako je smjesa pregusta za vaše želje, možete je razrijediti s još mlijeka ili vode. Vruća čokolada od crvenog baršuna u prozirnoj šalici.

28. Vruća čokolada sa sirom

SASTOJCI:
- 2 šalice mlijeka
- ½ šalice gustog vrhnja
- 1 šalica ribanog američkog sira
- 2 žlice kakaa u prahu
- 2 žlice šećera
- 1 žličica ekstrakta vanilije

UPUTE:
a) U loncu zagrijte mlijeko i vrhnje na srednje jakoj vatri.
b) Dodajte naribani američki sir i miješajte dok se ne otopi i sjedini.
c) Dodajte kakao prah, šećer i ekstrakt vanilije i miješajte dok se dobro ne sjedini.
d) Poslužite vruće.

29.Topla čokolada s kozjim sirom i medom

SASTOJCI:
- 2 šalice mlijeka (mliječnog ili alternativnog mlijeka)
- 2 žlice kakaa u prahu
- 2 žlice meda (prilagodite ukusu)
- ¼ šalice kozjeg sira, izmrvljenog
- Prstohvat soli
- Šlag i malo meda za ukras

UPUTE:

a) U loncu zagrijte mlijeko na srednje jakoj vatri dok ne postane vruće, ali ne zavrije.

b) U maloj posudi pomiješajte kakao prah, med i sol.

c) Postupno umiješajte smjesu kakaa u vruće mlijeko dok se ne sjedini i postane glatka.

d) U vruću čokoladu dodati izmrvljeni kozji sir i miješati dok se ne rastopi i uklopi u smjesu.

e) Nastavite zagrijavati vruću čokoladu sa sirom, povremeno miješajući, dok ne postigne željenu temperaturu.

f) Ulijte u šalice, prelijte šlagom i pokapajte medom. Poslužite i uživajte!

30.Plavi sir Vruća čokolada

SASTOJCI:
- 2 šalice mlijeka (mliječnog ili alternativnog mlijeka)
- 2 žlice kakaa u prahu
- 2 žlice šećera (po želji)
- ¼ šalice plavog sira, izmrvljenog
- Prstohvat soli
- Šlag i posip izmrvljenog plavog sira za ukras

UPUTE:
a) U loncu zagrijte mlijeko na srednje jakoj vatri dok ne postane vruće, ali ne zavrije.
b) U maloj posudi pomiješajte kakao prah, šećer i sol.
c) Postupno umiješajte smjesu kakaa u vruće mlijeko dok se ne sjedini i postane glatka.
d) U vruću čokoladu dodati izmrvljeni plavi sir i miješati dok se ne rastopi i uklopi u smjesu.
e) Nastavite zagrijavati vruću čokoladu sa sirom, povremeno miješajući, dok ne postigne željenu temperaturu.
f) Ulijte u šalice, prelijte šlagom i pospite izmrvljenim plavim sirom. Poslužite i uživajte!

31. Topla čokolada s parmezanom i morskom soli

SASTOJCI:
- 2 šalice mlijeka (mliječnog ili alternativnog mlijeka)
- 2 žlice kakaa u prahu
- 2 žlice šećera (po želji)
- ¼ šalice ribanog parmezana
- Prstohvat morske soli
- Šlag i pospite ribanim parmezanom za ukras

UPUTE:
a) U loncu zagrijte mlijeko na srednje jakoj vatri dok ne postane vruće, ali ne zavrije.
b) U maloj posudi pomiješajte kakao prah, šećer i morsku sol.
c) Postupno umiješajte smjesu kakaa u vruće mlijeko dok se ne sjedini i postane glatka.
d) U vruću čokoladu dodati naribani parmezan i miješati dok se ne otopi i uklopi u smjesu.
e) Nastavite zagrijavati vruću čokoladu sa sirom, povremeno miješajući, dok ne postigne željenu temperaturu.
f) Ulijte u šalice, prelijte šlagom i pospite naribanim parmezanom. Poslužite i uživajte!

32. Pepper Jack i Cayenne vruća čokolada

SASTOJCI:
- 2 šalice mlijeka (mliječnog ili alternativnog mlijeka)
- 2 žlice kakaa u prahu
- 2 žlice šećera (po želji)
- ¼ šalice ribanog sira s paprikom
- ¼ žličice kajenskog papra (prilagodite želji začina)
- Šlag i malo kajenskog papra za ukras

UPUTE:
a) U loncu zagrijte mlijeko na srednje jakoj vatri dok ne postane vruće, ali ne zavrije.
b) U maloj zdjeli pomiješajte kakao prah, šećer i kajenski papar.
c) Postupno umiješajte smjesu kakaa u vruće mlijeko dok se ne sjedini i postane glatka.
d) Vrućoj čokoladi dodajte naribani sir od paprike i miješajte dok se ne otopi i uklopi u smjesu.
e) Nastavite zagrijavati vruću čokoladu sa sirom, povremeno miješajući, dok ne postigne željenu temperaturu.
f) Ulijte u šalice, prelijte šlagom i pospite kajenskim paprom. Poslužite i uživajte!

33. T oblerone vruća čokolada

SASTOJCI:
- 3 trokutaste šipke Toblerone
- ⅓ šalice slatkog vrhnja
- 1 Habaneros, sitno mljeveni

UPUTE:
a) Na laganoj vatri zagrijte vrhnje i otopite čokoladu.
b) Često miješajte kako biste izbjegli "vruće točke".
c) Količinu kreme mijenjati ovisno o željenoj gustoći kada se ohladi.
d) Nakon što su vrhnje i čokolada dobro izmiješani, umiješajte habaneros.
e) Pustite da se ohladi i poslužite s dijelovima jabuke ili kruške.

34. Ferrero Rocher topla čokolada

SASTOJCI:
- 2 šalice mlijeka
- ¼ šalice gustog vrhnja
- 4 Ferrero Rocher čokolade, sitno nasjeckane
- Šlag (po želji, za preljev)
- Kakao prah (po želji, za posipanje)

UPUTE:
a)   U malom loncu zagrijte mlijeko i vrhnje na srednje jakoj vatri dok ne zagriju, ali ne proključaju.
b)   Dodajte nasjeckane Ferrero Rocher čokolade u lonac i miješajte dok se ne otope i dobro sjedine.
c)   Ulijte vruću čokoladu u šalice.
d)   Po želji prelijte šlagom i pospite kakaom u prahu.
e)   Poslužite vruće i uživajte u bogatoj i ukusnoj Ferrero Rocher vrućoj čokoladi.

35.Honeycomb Candy Topla čokolada

SASTOJCI:
- 2 šalice mlijeka (mliječnog ili biljnog)
- 2 žlice kakaa u prahu
- 2 žlice šećera
- ¼ šalice bombona u obliku saća, zgnječenog
- Šlag i strugotine čokolade za preljev (po želji)

UPUTE:
a) U loncu zagrijte mlijeko na srednje jakoj vatri dok ne postane vruće, ali ne zavrije.
b) Umiješajte kakao prah i šećer dok se dobro ne sjedine i postanu glatki.
c) U vruću čokoladnu smjesu dodajte zdrobljene bombone sa saćem.
d) Nastavi zagrijavati i mjesati dok se bombon sa sacem ne otopi.
e) Ulijte vruću čokoladu u šalice.
f) Po želji prelijte šlagom i komadićima čokolade.
g) Uživajte u ovoj bogatoj i dekadentnoj toploj čokoladi od bombona u obliku saća tijekom prohladnog dana.

36.Javorova topla čokolada

SASTOJCI:
- ¼ šalice šećera
- 1 žlica kakaa za pečenje
- ⅛ žličice soli
- ¼ šalice tople vode
- 1 žlica maslaca
- 4 šalice mlijeka
- 1 žličica arome javora
- 1 žličica ekstrakta vanilije
- 12 marshmallowa, podijeljenih

UPUTE:

a) Pomiješajte šećer, kakao i sol u velikom loncu. Umiješajte vruću vodu i maslac; pustite da zavrije na srednjoj vatri.

b) Dodajte mlijeko, aromu javora, vaniliju i 8 komada marshmallowa.

c) Zagrijte, povremeno miješajući, dok se marshmallows ne otopi.

d) Ulijte u 4 šalice; vrh s preostalim marshmallows.

37.Rose Hot Chocolate

SASTOJCI:
- 2 šalice mlijeka (mliječnog ili alternativnog mlijeka)
- 2 žlice kakaa u prahu
- 2 žlice šećera (po želji)
- 1 žličica ružine vodice
- Šlag i suhe latice ruže za ukras

UPUTE:
a) U loncu zagrijte mlijeko na srednje jakoj vatri dok ne postane vruće, ali ne zavrije.
b) U maloj zdjeli pjenasto pomiješajte kakao prah i šećer.
c) Umiješajte ružinu vodicu dok se dobro ne sjedini.
d) Postupno umiješajte smjesu kakaa u vruće mlijeko dok ne bude glatka i dobro izmiješana.
e) Rose toplu čokoladu nastavite zagrijavati uz povremeno miješanje dok ne postigne željenu temperaturu.
f) Ulijte u šalice, prelijte šlagom i ukrasite suhim laticama ruže. Poslužite i uživajte!

38. Vruća čokolada s cvijetom naranče

SASTOJCI:
- 2 šalice mlijeka (mliječnog ili alternativnog mlijeka)
- 2 žlice kakaa u prahu
- 2 žlice šećera (po želji)
- 1 žličica vode od narančinog cvijeta
- Šlag i narančina korica za ukras

UPUTE:
a) U loncu zagrijte mlijeko na srednje jakoj vatri dok ne postane vruće, ali ne zavrije.
b) U maloj zdjeli pjenasto pomiješajte kakao prah i šećer.
c) Umiješajte vodu narančinog cvijeta dok se dobro ne sjedini.
d) Postupno umiješajte smjesu kakaa u vruće mlijeko dok ne bude glatka i dobro izmiješana.
e) Nastavite zagrijavati vruću čokoladu s cvijetom naranče, povremeno miješajući, dok ne postigne željenu temperaturu.
f) Ulijte u šalice, prelijte šlagom i ukrasite koricom naranče. Poslužite i uživajte!

39.Topla čokolada s cvijetom bazge

SASTOJCI:
- 2 šalice mlijeka (mliječnog ili alternativnog mlijeka)
- 2 žlice kakaa u prahu
- 2 žlice šećera (po želji)
- 1 žlica sirupa od bazge
- Šlag i jestivo cvijeće za ukras

UPUTE:
a) U loncu zagrijte mlijeko na srednje jakoj vatri dok ne postane vruće, ali ne zavrije.
b) U maloj zdjeli pjenasto pomiješajte kakao prah i šećer.
c) Umiješajte sirup od bazge dok se dobro ne sjedini.
d) Postupno umiješajte smjesu kakaa u vruće mlijeko dok ne bude glatka i dobro izmiješana.
e) Vruću čokoladu od bazge nastavite zagrijavati uz povremeno miješanje dok ne postigne željenu temperaturu.
f) Ulijte u šalice, prelijte šlagom i ukrasite jestivim cvijećem. Poslužite i uživajte!

40. Hibiskus vruća čokolada

SASTOJCI:
- 2 šalice mlijeka (mliječnog ili alternativnog mlijeka)
- 2 žlice kakaa u prahu
- 2 žlice šećera (po želji)
- 1 žlica suhih cvjetova hibiskusa
- Šlag i posip latica hibiskusa za ukras

UPUTE:

a) U loncu zagrijte mlijeko na srednje jakoj vatri dok ne postane vruće, ali ne zavrije.

b) U maloj zdjeli pjenasto pomiješajte kakao prah i šećer.

c) Dodajte osušene cvjetove hibiskusa u vruće mlijeko i ostavite da se kuha 5 minuta. Uklonite cvjetove hibiskusa.

d) Postupno umiješajte smjesu kakaa u vruće mlijeko dok se ne sjedini i postane glatka.

e) Vruću čokoladu hibiskusa nastavite zagrijavati uz povremeno miješanje dok ne postigne željenu temperaturu.

f) Ulijte u šalice, prelijte šlagom i pospite laticama hibiskusa. Poslužite i uživajte!

41.Topla čokolada s lavandom

SASTOJCI:
- 2 šalice mlijeka (mliječnog ili alternativnog mlijeka)
- 2 žlice kakaa u prahu
- 2 žlice šećera (po želji)
- 1 žličica suhih cvjetova lavande
- ½ žličice ekstrakta vanilije
- Šlag i latice lavande za ukras

UPUTE:
a) U loncu zagrijte mlijeko na srednje jakoj vatri dok ne postane vruće, ali ne zavrije.
b) U maloj zdjeli pjenasto pomiješajte kakao prah i šećer.
c) Dodajte osušene cvjetove lavande u vruće mlijeko i ostavite da se kuha 5 minuta. Uklonite cvjetove lavande.
d) Postupno umiješajte smjesu kakaa u vruće mlijeko dok se ne sjedini i postane glatka.
e) Umiješajte ekstrakt vanilije.
f) Nastavite zagrijavati vruću čokoladu s lavandom, povremeno miješajući, dok ne postigne željenu temperaturu.
g) Ulijte u šalice, prelijte šlagom i ukrasite laticama lavande. Poslužite i uživajte!

42.Tamna Matcha topla čokolada

SASTOJCI:
- 1 mjerica Fairtrade tamne tople čokolade
- 1 mala mjerica Matcha praha
- Mlijeko kuhano na pari

UPUTE:
a) Pomiješajte matchu s malo vruće vode i pomiješajte u glatku pastu
b) Dolijte mlijeko na pari, miješajući dok sipate

43. Mint topla čokolada

SASTOJCI:
- 2 šalice mlijeka (mliječnog ili alternativnog mlijeka)
- 2 žlice kakaa u prahu
- 2 žlice šećera (po želji)
- ¼ šalice svježih listova mente
- ½ žličice ekstrakta vanilije
- Šlag i listići svježe mente za ukras

UPUTE:
a) U loncu zagrijte mlijeko na srednje jakoj vatri dok ne postane vruće, ali ne zavrije.
b) U maloj zdjeli pjenasto pomiješajte kakao prah i šećer.
c) Dodajte svježe listove metvice u vruće mlijeko i ostavite da se kuha 5 minuta. Uklonite listiće mente.
d) Postupno umiješajte smjesu kakaa u vruće mlijeko dok se ne sjedini i postane glatka.
e) Umiješajte ekstrakt vanilije.
f) Nastavite zagrijavati vruću čokoladu s mentom, povremeno miješajući, dok ne postigne željenu temperaturu.
g) Ulijte u šalice, prelijte šlagom i ukrasite listićima svježe mente. Poslužite i uživajte!

44. Topla čokolada s ružmarinom

SASTOJCI:
- 2 šalice mlijeka (mliječnog ili alternativnog mlijeka)
- 2 žlice kakaa u prahu
- 2 žlice šećera (po želji)
- 2 grančice svježeg ružmarina
- ½ žličice ekstrakta vanilije
- Šlag i grančica ružmarina za ukras

UPUTE:
a) U loncu zagrijte mlijeko na srednje jakoj vatri dok ne postane vruće, ali ne zavrije.
b) U maloj zdjeli pjenasto pomiješajte kakao prah i šećer.
c) Dodajte svježe grančice ružmarina u vruće mlijeko i ostavite da se kuha 5 minuta. Uklonite grančice ružmarina.
d) Postupno umiješajte smjesu kakaa u vruće mlijeko dok se ne sjedini i postane glatka.
e) Umiješajte ekstrakt vanilije.
f) Nastavite zagrijavati vruću čokoladu s ružmarinom, povremeno miješajući, dok ne postigne željenu temperaturu.
g) Ulijte u šalice, prelijte šlagom i ukrasite grančicom ružmarina. Poslužite i uživajte!

45.Topla čokolada s bosiljkom

SASTOJCI:
- 2 šalice mlijeka (mliječnog ili alternativnog mlijeka)
- 2 žlice kakaa u prahu
- 2 žlice šećera (po želji)
- ¼ šalice svježeg lišća bosiljka
- ½ žličice ekstrakta vanilije
- Šlag i listići svježeg bosiljka za ukras

UPUTE:
a) U loncu zagrijte mlijeko na srednje jakoj vatri dok ne postane vruće, ali ne zavrije.
b) U maloj zdjeli pjenasto pomiješajte kakao prah i šećer.
c) Dodajte svježe listove bosiljka u vruće mlijeko i ostavite da se kuha 5 minuta. Uklonite listove bosiljka.
d) Postupno umiješajte smjesu kakaa u vruće mlijeko dok se ne sjedini i postane glatka.
e) Umiješajte ekstrakt vanilije.
f) Nastavite zagrijavati vruću čokoladu s bosiljkom, povremeno miješajući, dok ne postigne željenu temperaturu.
g) Ulijte u šalice, prelijte šlagom i ukrasite listićima svježeg bosiljka. Poslužite i uživajte!

46.Vruća čokolada od kadulje

SASTOJCI:
- 2 šalice mlijeka (mliječnog ili alternativnog mlijeka)
- 2 žlice kakaa u prahu
- 2 žlice šećera (po želji)
- 2 grančice svježe kadulje
- ½ žličice ekstrakta vanilije
- Šlag i list kadulje za ukras

UPUTE:
a) U loncu zagrijte mlijeko na srednje jakoj vatri dok ne postane vruće, ali ne zavrije.
b) U maloj zdjeli pjenasto pomiješajte kakao prah i šećer.
c) Dodajte grančice svježe kadulje u vruće mlijeko i ostavite da se kuha 5 minuta. Uklonite grančice kadulje.
d) Postupno umiješajte smjesu kakaa u vruće mlijeko dok se ne sjedini i postane glatka.
e) Umiješajte ekstrakt vanilije.
f) Nastavite zagrijavati vruću čokoladu s kaduljom, povremeno miješajući, dok ne postigne željenu temperaturu.
g) Ulijte u šalice, prelijte šlagom i ukrasite listićem kadulje. Poslužite i uživajte!

47. Gingerbread Hot Chocolate

SASTOJCI:
- 2 šalice mlijeka
- 2 žlice kakaa u prahu
- 2 žlice šećera
- ½ žličice mljevenog đumbira
- ¼ žličice mljevenog cimeta
- ⅛ žličice mljevenog muškatnog oraščića
- Šlag (po želji)
- Mrvice od medenjaka (po želji, za ukras)

UPUTE:
a) U loncu zagrijte mlijeko na srednje jakoj vatri dok ne postane vruće, ali ne zavrije.
b) U vruće mlijeko dodajte kakao prah, šećer, mljeveni đumbir, mljeveni cimet i mljeveni muškatni oraščić.
c) Umutiti sve sastojke dobro sjedine i smjesa je glatka.
d) Nastavite zagrijavati smjesu još nekoliko minuta dok ne postigne željenu temperaturu.
e) Ulijte u šalice i pospite vrhnjem za šlag i po želji pospite mrvicama od medenjaka.

48. Pudsey medvjedić keksi H ot čokolada

SASTOJCI:
- Pudsey medvjedić keksi (par komada)
- Mlijeko (2 šalice)
- Mješavina vruće čokolade ili kakao prah (2-3 žlice)
- Šećer (po ukusu, po želji)

UPUTE:
a) Započnite drobljenjem medvjedića Pudsey na male komadiće. Za ovaj korak možete koristiti valjak za tijesto ili kuhaču za hranu.

b) U loncu zagrijte mlijeko na srednje niskoj temperaturi. Povremeno promiješajte da ne zagori.

c) Nakon što se mlijeko zagrije, ali ne proključa, dodajte zdrobljene kekse Pudsey medvjedića u lonac. Lagano promiješajte da se sjedini.

d) Ostavite keks da se ulije u mlijeko oko 5-10 minuta. To će pomoći da se okusi stope.

e) Nakon vremena kuhanja, maknite lonac s vatre i procijedite mlijeko kako biste uklonili sve veće komade biskvita. Za ovaj korak možete koristiti cjedilo s finom mrežicom ili gazu.

f) Vratite mlijeko na laganu vatru i dodajte mješavinu vruće čokolade ili kakao prah. Dobro promiješajte dok smjesa ne postane glatka i dobro sjedinjena.

g) Po želji možete dodati šećera po ukusu. Imajte na umu da bi keksi već mogli dodati nešto slatkoće, pa ih prilagodite prema tome.

h) Nakon što se vruća čokolada zagrije i svi sastojci dobro sjedine, maknite je s vatre.

i) Vruću čokoladu ulijte u šalice i odmah poslužite. Možete ukrasiti tučenim vrhnjem, posipom kakaa u prahu ili dodatnim biskvitnim mrvicama za dodatni dodir okusa Pudsey medvjedića.

49.Brownie topla čokolada

SASTOJCI:
- 2 šalice punomasnog mlijeka
- ½ šalice gustog vrhnja
- 3 unce gorko-slatke čokolade, nasjeckane
- 2 žlice nezaslađenog kakaa u prahu
- 2 žlice granuliranog šećera
- ¼ žličice ekstrakta vanilije
- Prstohvat soli
- Šlag (za ukras)
- Brownie komadići (za ukras)

UPUTE:
a) U srednje jakoj posudi zagrijte mlijeko i vrhnje na srednjoj vatri dok ne počnu ključati. Nemojte dopustiti da prokuha.
b) Dodajte nasjeckanu gorku čokoladu, kakao prah, granulirani šećer, ekstrakt vanilije i prstohvat soli u lonac. Neprestano miješajte dok se čokolada ne otopi, a smjesa postane glatka i dobro sjedinjena.
c) Smjesu nastavite zagrijavati na laganoj vatri oko 5 minuta uz povremeno miješanje dok se malo ne zgusne.
d) Maknite lonac s vatre i ulijte vruću čokoladu u šalice.
e) Na vrh svake šalice stavite malo tučenog vrhnja i pospite komadiće kolačića preko tučenog vrhnja.
f) Poslužite odmah i uživajte u ukusnoj Brownie Hot Chocolate!

50. Açaí vruća čokolada

SASTOJCI:
- 1 ½ šalice Açaí pirea
- 1 šalica punomasnog kokosovog mlijeka
- 2 ½ žlice kakao praha
- 1 žličica ekstrakta vanilije
- Prstohvat soli

UPUTE:
a) Dodajte sve sastojke u malu tavu. Umutite da se sjedini i pustite da lagano kuha na srednje jakoj vatri.
b) Smanjite vatru na srednje nisku i nastavite pirjati dok se ne zagrije.
c) Ravnomjerno podijelite u dvije šalice i ukrasite svojim omiljenim vrućim preljevom od kakaa!

51. Vruća čokolada Schwarzwald

SASTOJCI:
VRUĆA ČOKOLADA:
- 1 šalica punomasnog mlijeka
- 2 žlice granuliranog šećera
- 1 ½ žlica nezaslađenog kakaa u prahu
- 1 žlica soka od višnje Amarena
- ½ žličice čistog ekstrakta vanilije
- 1/16 žličice morske soli
- 1 ½ unce 72% tamne čokolade nasjeckane

PRELJEVI:
- 4 žlice jakog vrhnja za šlag umutiti do mekanih vrhova
- 2 Amarena trešnje
- 2 žličice uvojaka od tamne čokolade

UPUTE:
a) Dodajte mlijeko, šećer, kakao prah, sok od višnje, vaniliju i sol u malu tavu na srednje jakoj vatri i miješajte da se sjedini.
b) Kad provrije, umiješajte nasjeckanu čokoladu.
c) Pustite da zavrije i kuhajte dok se malo ne zgusne, oko 1 minutu, neprestano miješajući.
d) Ulijte u 2 šalice i na vrh svake stavite polovinu šlaga, 1 trešnju i 1 žličicu čokoladnih uvojaka.
e) Poslužite odmah.

52. Vruća čokolada s jagodama

SASTOJCI:
- 2 šalice mlijeka
- ¼ šalice sirupa od jagoda
- 2 žlice nezaslađenog kakaa u prahu
- 2 žlice granuliranog šećera
- Šlag (po želji)
- Svježe jagode za ukras (po želji)

UPUTE:
a) U loncu pomiješajte mlijeko, sirup od jagoda, kakao prah i šećer.
b) Stavite lonac na srednju vatru i miješajte dok smjesa ne postane vruća i počne kuhati na pari (ali ne vrije).
c) Maknite s vatre i ulijte vruću čokoladu u šalice.
d) Prelijte šlagom i po želji ukrasite svježim jagodama.

53.Narančasta topla čokolada

SASTOJCI:
- 2 šalice mlijeka
- ¼ šalice soka od naranče
- 2 žlice nezaslađenog kakaa u prahu
- 2 žlice granuliranog šećera
- ½ žličice narančine korice
- Šlag (po želji)
- Kriške naranče za ukras (po želji)

UPUTE:
a) U loncu pomiješajte mlijeko, narančin sok, kakao prah, šećer i narančinu koricu.
b) Stavite lonac na srednju vatru i miješajte dok smjesa ne postane vruća i počne kuhati na pari (ali ne vrije).
c) Maknite s vatre i ulijte vruću čokoladu u šalice.
d) Prelijte šlagom i po želji ukrasite kriškama naranče.

54.Topla čokolada s malinom

SASTOJCI:
- 2 šalice mlijeka
- ¼ šalice sirupa od malina
- 2 žlice nezaslađenog kakaa u prahu
- 2 žlice granuliranog šećera
- Šlag (po želji)
- Svježe maline za ukras (po želji)

UPUTE:
a) U loncu umutite mlijeko, sirup od malina, kakao prah i šećer.
b) Stavite lonac na srednju vatru i miješajte dok smjesa ne postane vruća i počne kuhati na pari (ali ne vrije).
c) Maknite s vatre i ulijte vruću čokoladu u šalice.
d) Prelijte šlagom i po želji ukrasite svježim malinama.

55. Topla čokolada od banane

SASTOJCI:
- 2 šalice mlijeka
- 1 zrela banana, zgnječena
- 2 žlice nezaslađenog kakaa u prahu
- 2 žlice granuliranog šećera
- Šlag (po želji)
- Kriške banane za ukras (po želji)

UPUTE:
a) U loncu umutite mlijeko, zgnječenu bananu, kakao prah i šećer.
b) Stavite lonac na srednju vatru i miješajte dok smjesa ne postane vruća i počne kuhati na pari (ali ne vrije).
c) Maknite s vatre i ulijte vruću čokoladu u šalice.
d) Prelijte šlagom i po želji ukrasite kriškama banane.

56. Topla čokolada s kokosom

SASTOJCI:
- 2 šalice kokosovog mlijeka
- 2 žlice nezaslađenog kakaa u prahu
- 2 žlice granuliranog šećera
- ½ žličice ekstrakta vanilije
- Šlag (po želji)
- Naribani kokos za ukras (po želji)

UPUTE:

a) U loncu pomiješajte kokosovo mlijeko, kakao prah, šećer i ekstrakt vanilije.

b) Stavite lonac na srednju vatru i miješajte dok smjesa ne postane vruća i počne kuhati na pari (ali ne vrije).

c) Maknite s vatre i ulijte vruću čokoladu u šalice.

d) Prelijte šlagom i po želji ukrasite naribanim kokosom.

57. Topla čokolada Nutella

SASTOJCI:
- ¾ šalice likera od lješnjaka
- Staklenka Nutelle od 13 unci
- 1 litra pola-pola

UPUTE:
a) Stavite pola pola na laganu vatru u lonac i dodajte Nutellu.

b) Kuhajte oko 10 minuta i neposredno prije posluživanja dodajte liker od lješnjaka.

58. Vruća čokolada inspirirana PB&J

SASTOJCI:
- 2 šalice mlijeka
- ¼ šalice kremastog maslaca od kikirikija
- ¼ šalice želea ili džema od malina
- ¼ šalice poluslatkih komadića čokolade
- 1 žličica ekstrakta vanilije
- Šlag (po želji)
- Čokoladne strugotine (po želji)

UPUTE:
a) U loncu srednje veličine zagrijte mlijeko na srednjoj vatri.
b) Dodajte maslac od kikirikija, žele ili džem od malina, komadiće čokolade i ekstrakt vanilije.
c) Smjesu neprestano mutite dok se komadići čokolade ne otope i sve dobro sjedini.
d) Maknite tavu s vatre i ulijte smjesu u šalice.
e) Po želji prelijte šlagom i strugotinama čokolade.
f) Poslužite odmah i uživajte u ukusnoj PB&J vrućoj čokoladi!

59.Vruća čokolada s maslacem od kikirikija i bananom

SASTOJCI:
- 2 šalice mlijeka
- 2 žlice kakaa u prahu
- 2 žlice namaza od čokolade i kikirikija (domaći ili kupovni)
- 1 zrela banana, zgnječena
- Šlag (po želji)
- Narezana banana (po želji)

UPUTE:
a) U loncu zagrijte mlijeko na srednje jakoj vatri dok ne postane vruće, ali ne zavrije.
b) Umiješajte kakao prah dok se ne otopi.
c) Dodajte čokoladu i namaz od kikirikija u lonac i miješajte dok se ne otope i dobro sjedine.
d) Umiješajte zgnječenu bananu dok se ne sjedini.
e) Ulijte vruću čokoladu u šalice i po želji stavite šlag i narezanu bananu. Poslužite vruće.

60.Serendipityjeva smrznuta topla čokolada

SASTOJCI:

- 1 ½ čajna žličica zaslađenog Van Houton kakaa
- 1 ½ žličice Droste kakaa
- 1 ½ žlice šećera
- 1 žlica slatkog maslaca
- ½ šalice mlijeka
- 3 unce tamne i svijetle čokolade s okusom Godiva (ili po ukusu)
- ½ unce svake od raznih visokokvalitetnih čokolada (kao što su Valhrona, Lindt, Callebaut, Cadbury, itd.)
- 1 velika kutlača mješavine uvezenih čokolada
- ½ litre mlijeka
- ½ litre smrvljenog leda
- Šlag (za preljev)
- Rendana čokolada (za ukras)
- 2 slamke
- Ledena žličica

UPUTE:

a) U parnom kotlu otopite zaslađeni Van Houton kakao, Droste kakao, šećer i slatki maslac, miješajući dok ne dobijete glatku pastu.

b) U parni kotao dodajte tamnu i svijetlu čokoladu s okusom Godiva i razne visokokvalitetne čokolade. Nastavite topiti čokolade, postupno dodajući mlijeko uz stalno miješanje dok smjesa ne postane glatka.

c) Ostavite smjesu da se ohladi na sobnu temperaturu. Kad se ohladi, prebacite ga u blender od litre.

d) U blender dodajte veliku žlicu mješavine uvezenih čokolada, ½ litre mlijeka i zdrobljenog leda.

e) Miješajte sve sastojke dok smjesa ne postigne željenu konzistenciju. Ako postane pregusto, možete dodati još mlijeka ili leda da prilagodite.

f) Ulijte Frozen Hot Chocolate u zdjelu za grejpfrut ili čašu za posluživanje.

g) Prelijte ga hrpom šlaga, a preko šlaga pospite naribanu čokoladu.

h) Umetnite dvije slamke u Frozen Hot Chocolate za pijuckanje i poslužite s ledenom žličicom za gutanje.

61. Amaretto topla čokolada

SASTOJCI:
- 1 ½ unce Amaretto likera
- 6 unci vruće čokolade
- šlag (po želji)
- strugotine čokolade (po želji)

UPUTE:
a) Dodajte Amaretto liker u šalicu.
b) Amaretto prelijte vrućom čokoladom.
c) Promiješajte da se sjedini.
d) Po želji prelijte šlagom i strugotinama čokolade.

62. Vruća čokolada s vinom

SASTOJCI:
- ½ šalice punomasnog mlijeka
- ½ šalice pola-pola
- ¼ šalice komadića tamne čokolade
- ½ šalice Shiraza
- Nekoliko kapi ekstrakta vanilije
- 1 žlica šećera
- Mali prstohvat soli

UPUTE:

a) Pomiješajte mlijeko, pola-pola, komadiće tamne čokolade, ekstrakt vanilije i sol u tavi na laganoj vatri.

b) Neprekidno miješajte da čokolada na dnu ne zagori, dok se potpuno ne otopi .

c) Kad se zagrije, maknite s vatre i ulijte vino.

d) Dobro promiješajte.

e) Probajte vruću čokoladu i šećerom prilagodite slatkoću.

f) Ulijte u šalicu za vruću čokoladu i odmah poslužite.

63.Topla čokolada s pepermintom

SASTOJCI:
- 1 šalica mlijeka
- ¼ šalice gustog vrhnja
- 4 unce poluslatke čokolade, nasjeckane
- ¼ žličice ekstrakta paprene metvice
- 2 unce rakije od peperminta

UPUTE:
a) U loncu zagrijte mlijeko i vrhnje na srednje jakoj vatri dok ne zagriju, ali ne proključaju.
b) Maknite lonac s vatre i dodajte nasjeckanu čokoladu. Miješajte dok se ne otopi i postane glatko.
c) Umiješajte ekstrakt paprene metvice i rakiju od paprene metvice.
d) Ulijte u šalice i po želji ukrasite tučenim vrhnjem i mljevenim bombonama od peperminta.

64. Baileys Irish Cream Topla čokolada

SASTOJCI:
- 1 šalica mlijeka
- ¼ šalice gustog vrhnja
- 2 unce poluslatke čokolade, nasjeckane
- 1 unca Baileys Irish Cream

UPUTE:
a) U loncu zagrijte mlijeko i vrhnje na srednje jakoj vatri dok ne zagriju, ali ne proključaju.
b) Maknite lonac s vatre i dodajte nasjeckanu čokoladu. Miješajte dok se ne otopi i postane glatko.
c) Umiješajte Baileys Irish Cream.
d) Ulijte u šalice i po želji prelijte tučenim vrhnjem ili marshmallowom.

65. RumChata začinjena topla čokolada

SASTOJCI:
- 1 šalica mlijeka
- ¼ šalice gustog vrhnja
- 2 unce poluslatke čokolade, nasjeckane
- ½ žličice mljevenog cimeta
- RumChata od 1 unce

UPUTE:
a) U loncu zagrijte mlijeko i vrhnje na srednje jakoj vatri dok ne zagriju, ali ne proključaju.
b) Maknite lonac s vatre i dodajte nasjeckanu čokoladu. Miješajte dok se ne otopi i postane glatko.
c) Umiješajte mljeveni cimet i RumChata .
d) Ulijte u šalice i po želji ukrasite cimetom ili šlagom.

66. Topla čokolada sa začinjenom narančom

SASTOJCI:
- 1 šalica mlijeka
- ¼ šalice gustog vrhnja
- 2 unce tamne čokolade, nasjeckane
- Korica 1 naranče
- ¼ žličice mljevenog cimeta
- 1 unca Grand Marnier

UPUTE:

a) U loncu zagrijte mlijeko i vrhnje na srednje jakoj vatri dok ne zagriju, ali ne proključaju.

b) Maknite lonac s vatre i dodajte nasjeckanu tamnu čokoladu. Miješajte dok se ne otopi i postane glatko.

c) Umiješajte narančinu koricu, mljeveni cimet i Grand Marnier.

d) Ulijte u šalice i po želji ukrasite narančinom koricom ili šlagom.

67. Začinjena Aztec topla čokolada s tekilom

SASTOJCI:
- 1 šalica mlijeka
- ¼ šalice gustog vrhnja
- 2 unce tamne čokolade, nasjeckane
- ¼ žličice mljevenog cimeta
- ⅛ žličice čilija u prahu (po želji)
- 1 unca tekile

UPUTE:

a) U loncu zagrijte mlijeko i vrhnje na srednje jakoj vatri dok ne zagriju, ali ne proključaju.

b) Maknite lonac s vatre i dodajte nasjeckanu tamnu čokoladu. Miješajte dok se ne otopi i postane glatko.

c) Umiješajte mljeveni cimet, čili u prahu i tekilu.

d) Ulijte u šalice i po želji ukrasite čilijem u prahu ili šlagom.

KAVA

68. Espresso Shot

SASTOJCI:
- 14-16 grama visokokvalitetnih espresso zrna
- Filtrirana voda

UPUTE:
KORIŠTENJE APARATA ZA ESPRESSO:
a) Uključite aparat za espresso i pustite ga da postigne željenu temperaturu predgrijanja.
b) Dok se aparat zagrijava, odmjerite 14-16 grama espresso zrna i sameljite ih dok ne nalikuju finoj kuhinjskoj soli.
c) Ravnomjerno rasporedite i čvrsto zapakirajte mljevenu kavu u košaru portafiltera, osiguravajući ravnu površinu.
d) Umetnite portafilter u grupnu glavu stroja.
e) Postavite dvije prethodno zagrijane šalice za espresso ispod grlića.
f) Pokrenite postupak ekstrakcije. Ekstrakcija standardne čaše espressa trebala bi trajati otprilike 25-30 sekundi, proizvodeći otprilike 1-2 unce (30-60 ml) tekućine po čašici.
g) Svježe skuhani espresso odmah poslužite.

KORIŠTENJE AEROPRESSA:
h) Prokuhajte vodu i ostavite je da se ohladi minutu kako bi postigla temperaturu između 195-205°F (90-96°C).
i) Pričvrstite papirnati filter na Aeropress poklopac i pričvrstite ga za komoru.
j) Aeropress dodajte 14-16 grama fino mljevene kave.
k) Nježno prelijte oko 1-2 unce (30-60 ml) vruće vode preko taloga kave, pustite da cvate otprilike 30 sekundi.
l) Lagano promiješajte pa dodajte preostalu vruću vodu.
m) Pričvrstite klip na Aeropress i pažljivo ga pritisnite kako biste izvukli espresso u šalicu za posluživanje.

KORIŠTENJE MOKA LONCA (Aparat za kavu na štednjaku):
n) Donju komoru Moka lonca napunite vodom do sigurnosnog ventila.
o) Stavite 14-16 grama fino mljevene kave u košaricu filtera.
p) Sastavite Moka lonac i postavite ga na plamenik ploče štednjaka postavljen na srednje nisku temperaturu.

q) Kako se voda u donjoj komori zagrijava, stvarat će pritisak, gurajući espresso kavu prema gore kroz košaru filtera.
r) Pratite proces i kada čujete šištanje, odmah maknite Moka lonac s vatre kako biste spriječili pretjeranu ekstrakciju.
s) Ulijte svježe skuhani espresso u svoje šalice.

69. Drip kava

SASTOJCI:
- 2 papirna filtera
- 2 do 4 žlice srednje mljevene kave
- Filtrirana voda

OPREMA:
- Obični aparat za kavu na kapaljku
- Standardni filteri

UPUTE:
a) Provjerite je li vaš aparat za kavu na kapaljku čist i spreman za upotrebu.
b) Provjerite imate li pri ruci svježa zrna kave i filtriranu vodu.
c) Umetnite dva papirnata filtera u odjeljak filtera vašeg aparata za kavu. Čak i ako vaš aparat za kavu ima stalni filtar, korištenje papirnatih filtara može rezultirati glatkijim okusom.
d) Odmjerite 1 do 2 žlice srednje mljevene kave na šalicu od 6 unci. Za 2 porcije trebat će vam 4 do 8 žlica taloga kave. Prilagodite količinu prema svojoj željenoj jačini.
e) Napunite spremnik aparata za kavu filtriranom vodom, tako da količina odgovara broju šalica koje želite skuhati. Obično će vam za 2 porcije trebati oko 12 do 16 unci vode.
f) Uključite aparat za kavu i pustite da se kuha. Vrijeme kuhanja može varirati ovisno o vašem aparatu, ali aparatu za kavu na kapaljku obično je potrebno oko 4 do 10 minuta da završi postupak.
g) Nakon što proces kuhanja završi, odmah uklonite lonac ili šalice s grijaće ploče ili plamenika aparata za kavu. Ostavljanje na plameniku može dovesti do zagorjelog okusa.
h) Ulijte svježe skuhanu kavu u svoje šalice ili šalice. Prilagodite ga vrhnjem, šećerom ili drugim aromama po svom ukusu.
i) Nakon uživanja u kavi, ne zaboravite redovito čistiti aparat za kavu. Mješavina bijelog octa i vode učinkovit je način održavanja čistoće i sprječavanja nepoželjnih mirisa ili okusa.
j) Za optimalne rezultate, pripremite svoju kavu neposredno prije kuhanja umjesto korištenja funkcije timera. To osigurava da osjetite najsvježiji okus kave.

70.Cafe Au Lait

SASTOJCI:
- 3 žlice instant kave
- 1 šalica mlijeka
- 1 šalica svijetle kreme
- 2 šalice kipuće vode

UPUTE:
a) Započnite laganim zagrijavanjem mlijeka i vrhnja na laganoj vatri dok ne postigne vruću temperaturu.
b) Dok se mlijeko i vrhnje zagrijavaju, otopite instant kavu u kipućoj vodi.
c) Neposredno prije posluživanja mješalicom miješajte zagrijanu mliječnu smjesu dok se ne pretvori u pjenastu konzistenciju.
d) Zatim uzmite prethodno zagrijani vrč i ulijte u njega pjenastu mliječnu smjesu. U isto vrijeme ulijte skuhanu kavu u poseban vrč.
e) Kada ste spremni za posluživanje, napunite šalice istodobnim točenjem iz oba vrča, puštajući da se mlazovi sjedine dok točite.

71. Klasični amerikanac

SASTOJCI:
- 1 šalica espressa
- Vruća voda

UPUTE:
a) Pripremite dozu espressa kuhanjem.
b) Prilagodite jačinu espressa po želji dodavanjem vruće vode.
c) Poslužite ga ovakvog ili po želji pojačajte okus vrhnjem i šećerom.

72.Macchiato

SASTOJCI:
- 2 doze espressa (2 unce)
- 2 unce (¼ šalice) pjene od punomasnog mlijeka

UPUTE:
a) Koristite ili aparat za espresso ili ručni aparat za espresso za pripremu jedne doze espressa.
b) Premjestite espresso u šalicu. Alternativno, razmislite o korištenju Aeropressa za kuhanje espressa.
c) Ako koristite aparat za espresso, zagrijte ½ šalice mlijeka dok ne zapeče. U konačnici će vam trebati samo ¼ šalice mliječne pjene.
d) Zagrijte mlijeko na temperaturu od 150 stupnjeva Fahrenheita; trebalo bi biti vruće na dodir, ali ne smije kuhati. To možete izmjeriti termometrom za hranu ili testirati prstom.
e) Upotrijebite aparat za espresso, napravu za pjenjenje mlijeka, francusku prešu ili pjenjaču za pjenjaču od mlijeka u male, jednolike mjehuriće.
f) Za macchiato, pokušajte proizvesti veliku količinu "suhe pjene", što je prozračna varijanta pjene. Pjenilica za mlijeko posebno dobro radi za postizanje ove vrste pjene.
g) Pomoću žlice pažljivo skinite gornji sloj pjene (suhu pjenu) i nježno je stavite na espresso. Trebali biste koristiti otprilike ¼ šalice pjene za jednu porciju.

73.Moka

SASTOJCI:
- 18 g mljevenog espressa ili 1 mahuna espressa
- 250 ml mlijeka
- 1 žličica čokolade za piće

UPUTE:

a) Skuhajte oko 35 ml espressa u aparatu za kavu i ulijte ga na dno šalice. Dodajte čokoladu za piće i dobro miješajte dok ne postane glatko.

b) Koristite nastavak za kuhanje na pari da zapjenite mlijeko dok ne dobije oko 4-6 cm pjene na površini. Držite vrč za mlijeko s izljevom otprilike 3-4 cm iznad šalice i ulijevajte mlijeko u ravnomjernom mlazu.

c) Kako se razina tekućine u šalici podiže, približite vrč za mlijeko što je moguće bliže površini napitka usmjeravajući ga prema sredini.

d) Kada vrč za mlijeko gotovo dodirne površinu kave, nagnite ga da brže točite. Dok to radite, mlijeko će udariti o poleđinu šalice i prirodno se presaviti, stvarajući ukrasni uzorak na vrhu vaše mokke.

74. Meksička začinjena kava

SASTOJCI:
- 6 klinčića
- 6 žlica kuhane kave
- 6 Julienne narančine korice
- 3 štapića cimeta
- ¾ šalice smeđeg šećera, čvrsto pakirano
- Šlag (po želji)

UPUTE:
a) U velikom loncu zagrijte 6 šalica vode zajedno sa smeđim šećerom, štapićima cimeta i klinčićima na srednje jakoj vatri dok se smjesa ne zagrije, ali pazite da ne zavrije.
b) Umiješajte kavu i pustite smjesu da prokuha, povremeno miješajući 3 minute.
c) Procijedite kavu kroz fino sito i poslužite je u šalicama za kavu, ukrasivši koricom naranče.
d)   Po želji odozgo premažite šlagom.

75.Hong Kong Yuanyang

SASTOJCI:
- 2 žlice zaslađenog kondenziranog mlijeka
- 1 šalica espressa (oko 1 unca)
- 1 šalica kuhanog crnog čaja (oko 8 unci)
- Kockice leda (po želji)

UPUTE:
a) Započnite postupak namakanjem šalice crnog čaja. Imate mogućnost korištenja vrećica čaja ili čaja od listova.
b) Pustite da se ulije preporučeno vrijeme, obično 3-5 minuta, ovisno o odabranoj sorti čaja. Pobrinite se da čaj dobije robustan i aromatičan karakter.
c) Dok se čaj kuha, pripremite dozu espressa u aparatu za espresso.
d) Nakon što su i čaj i espresso spremni, skladno ih pomiješajte u čaši ili šalici.
e) U smjesu umiješajte zaslađeno kondenzirano mlijeko. Počnite s 2 žlice i fino podesite na željenu razinu slatkoće.
f) Za ledenu varijantu Yuanyanga, stavite kockice leda u čašu.
g) Temeljito promiješajte kako biste sjedinili sve komponente i potaknuli osvježavajuće hlađenje napitka.
h) Prepustite se svom Hong Kong Yuanyangu! To je divan spoj kave i čaja, pojačan baršunastim bogatstvom kondenziranog mlijeka, pružajući karakterističan i zadovoljavajući profil okusa.

76. španjolski Cortado

SASTOJCI:
- 1 šalica espressa
- Jednaka količina toplog mlijeka

UPUTE:
a) Pripremite dozu espressa.
b) Lagano zagrijte jednaku količinu mlijeka.
c) Kombinirajte to dvoje, pazeći da su jednako uravnoteženi.

77. Talijanska Granita Al Caffe

SASTOJCI:
- Šlag (po želji)
- ¼ šalice vode
- 2 šalice svježe skuhane jake kave (oko 16 unci)
- ½ šalice granuliranog šećera
- Zrna kave ili kakao prah za ukras (po želji)

UPUTE:

a) Započnite kuhanjem snažne šalice kave pomoću aparata ili metode koju preferirate. Za najbogatiji okus odlučite se za svježe mljevena zrna kave.

b) Dok se kava kuha, pripremite jednostavan sirup. U malom loncu pomiješajte granulirani šećer i vodu. Smjesu zagrijavajte na srednjoj vatri uz neprestano miješanje dok se šećer potpuno ne otopi. Nakon što se otopi, maknite s vatre i ostavite da se ohladi na sobnu temperaturu.

c) Ostavite svježe skuhanu kavu da se ohladi na sobnu temperaturu.

d) Pomiješajte ohlađenu kavu i jednostavan sirup u zdjeli za miješanje. Dobro promiješajte kako biste osigurali ravnomjernu integraciju sirupa. Kušajte i prema potrebi prilagodite slatkoću dodavanjem još sirupa.

e) Premjestite mješavinu kave u plitku posudu za zamrzavanje ili posudu za pečenje. Što je veća površina, brže će se zamrznuti.

f) Stavite posudu u zamrzivač i ostavite otprilike 1 sat. Nakon sat vremena izvadite ga i vilicom ostružite smrznute rubove, razbijajući sve nastale kristale leda. Promiješajte smjesu kako bi se kristali leda ravnomjerno rasporedili .

g) Ponovite ovaj postupak svakih 30 minuta, strugajući i miješajući, oko 3-4 sata ili dok granita ne dobije bljuzgavu, ledenu teksturu.

h) Nakon što je granita potpuno smrznuta i ima pahuljastu, ledenu konzistenciju, spremna je za posluživanje.

i) Zagrabite talijansku granitu al caffè u čaše ili zdjelice za posluživanje. Ako želite, obogatite svako posluživanje komadićem tučenog vrhnja i ukrasite zrncima kave ili pospite kakaovim prahom kako biste poboljšali okus i prezentaciju.

j) Poslužite svoju talijansku granitu al caffè odmah i uživajte u ovoj divnoj, ledenoj kavi!

78. Vijetnamska kava s jajima

SASTOJCI:
- 1 jaje
- 3 žličice vijetnamske kave u prahu
- 2 žličice zaslađenog kondenziranog mlijeka
- Kipuća voda

UPUTE:
a) Skuhajte malu čašu vijetnamske kave.
b) Odvojite jaje, ostavite samo žumanjak.
c) Stavite žumanjak i zaslađeno kondenzirano mlijeko u malu, duboku zdjelu, zatim snažno miksajte dok ne dobijete pjenastu, pahuljastu smjesu.
d) Dodajte žlicu kuhane kave i umutite.
e) U prozirnu šalicu za kavu ulijte skuhanu kavu, a zatim na vrh dodajte pjenastu smjesu od jaja.

79. Švedska kava s jajima

SASTOJCI:
- 1 cijelo jaje (uključujući ljusku)
- ½ šalice grubo mljevenih zrna kave
- 3 šalice hladne vode

UPUTE:

a) Započnite zgnječenjem cijelog jajeta, uključujući i ljusku, pomoću vilice ili čekića. Zgnječena ljuska pomoći će da se kava razbistri i smanji gorčina.

b) U zdjeli za miješanje pomiješajte grubo samljevena zrna kave sa zgnječenim jajetom i ljuskom od jajeta.

c) Pomiješajte talog od kave i ljuske od jaja dok ne dobijete smjesu nalik vlažnom talogu od kave.

d) Zagrijte 3 šalice hladne vode u loncu dok ne zavrije.

e) Kada voda dosegne točku vrenja, ubacite mješavinu kave i jaja u kipuću vodu. Kratko promiješajte.

f) Smanjite vatru na nisku razinu, pokrijte posudu i ostavite da lagano kuha otprilike 5 minuta. Budite oprezni kako biste spriječili bilo kakve nesreće s kuhanjem.

g) Nakon perioda kuhanja, maknite posudu s izvora topline i ostavite minutu ili dvije da se talog kave slegne na dno.

h) Pažljivo i mirnom rukom nježno ulijte bistru kavu u lonac za kavu ili posudu za posluživanje. Većina smrvljene ljuske jajeta i ostataka kave trebali bi ostati u loncu.

i) Poslužite svoju vruću švedsku kavu s jajima, bilo u čistom obliku ili prilagođenu s mlijekom, vrhnjem ili zaslađivačima po izboru.

80. Turska kava

SASTOJCI:
- ¾ šalice vode
- 1 žlica šećera
- 1 žlica kave u prahu
- 1 mahuna kardamoma

UPUTE:
a)   Zakuhajte vodu i šećer u Ibrik .
b)   Skinite s vatre i dodajte kavu i kardamom.
c)   Dobro promiješajte i ponovno stavite na vatru.
d)   Kad se kava zapjeni, maknite je s vatre i ostavite da se talog slegne.
e)   Ponovite još dvaput. Ulijte u šalice.
f)   Talog kave trebao bi se slegnuti prije ispijanja.
g)   Kavu možete poslužiti s mahunom kardamona u šalici - po vašem izboru.

81. Latte s cimetom i vanilijom

SASTOJCI:
- 1 žlica sirupa od vanilije
- 1 šalica espressa ili 1 šalica jake kave
- ¼ žličice mljevenog cimeta
- 1 šalica kuhanog mlijeka

UPUTE:
a) Pripremite šalicu espressa ili jaku šalicu kave.
b) Umiješajte sirup od vanilije i mljeveni cimet.
c) Ulijte kuhano mlijeko i promiješajte.
d) Uživajte u svom Cinnamon Vanilla Latte!

82. Kava od jaja

SASTOJCI:
- ½ šalice likera od jaja
- 1 šalica vruće kave
- Prstohvat muškatnog oraščića (za ukras)

UPUTE:
a) Pripremite jaku šalicu kave.
b) Zagrijte liker od jaja dok ne postane vruć.
c) Pomiješajte vruću kavu i vrući liker od jaja.
d) Po vrhu pospite prstohvat muškatnog oraščića.
e) Uživajte u kavi od jaja!

83. Začinska kava od innamona i bundeve

SASTOJCI:
- 1 šalica kuhane kave sa začinima od bundeve
- ½ šalice mlijeka
- Prstohvat mljevenog muškatnog oraščića
- 2 žlice čistog pirea od bundeve
- 1-2 žlice javorovog sirupa ili smeđeg šećera
- Šlag (po želji)
- ¼ žličice mljevenog cimeta
- Štapić cimeta ili mljeveni cimet za ukras (po želji)

UPUTE:
a)   Skuhajte šalicu kave sa začinima od bundeve pomoću aparata ili metode koju preferirate.
b)   U malom loncu na srednjoj vatri pomiješajte mlijeko, čisti pire od bundeve, javorov sirup ili smeđi šećer, mljeveni cimet i prstohvat mljevenog muškatnog oraščića. Zagrijte smjesu dok ne postane vruća, ali ne proključa, stalno miješajući kako biste osigurali da se dobro sjedini.
c)   Ulijte skuhanu kavu sa začinima od bundeve u šalicu za kavu.
d)   Pažljivo ulijte mješavinu bundevinog mlijeka u kavu, dobro promiješajte da se sjedini.
e)   Ako želite, svoju jesensku mješavinu bundeve s cimetom prelijte malo šlaga.
f)   Poboljšajte prezentaciju i okus ukrašavanjem štapićem cimeta ili prahom mljevenog cimeta.

84.Brvnara Latte

SASTOJCI:
- ¼ žličice mljevenog cimeta i više za ukrašavanje
- 1 šalica espressa
- ½ šalice mlijeka
- 1 žlica čistog javorovog sirupa
- Šlag (po želji)

UPUTE:
a)   Skuhajte dozu espressa ili pripremite šalicu jake kave.
b)   Dok se espresso ili kava kuhaju, u malom loncu zagrijte ½ šalice mlijeka na laganoj do srednjoj vatri.
c)   U posebnoj posudi pomiješajte 1 žlicu čistog javorovog sirupa i ¼ žličice mljevenog cimeta.
d)   Skuhani espresso ili kavu ulijte u šalicu za kavu.
e)   Dodajte mješavinu javorovog sirupa i cimeta u kavu, temeljito promiješajte za potpunu integraciju.
f)   Zatim nježno ulijte toplo, pjenasto mlijeko u mješavinu kave, koristeći žlicu da zadržite pjenu na početku i pustite da mlijeko prvo poteče.
g)   Ako posjedujete pjenilicu za mlijeko , razmislite o njegovoj upotrebi da biste poboljšali pjenastost mlijeka prije nego što ga dodate u kavu za iznimno kremastu teksturu.
h)   Ako želite, ukrasite svoj Log Cabin Latte komadom tučenog vrhnja i prahom mljevenog cimeta kako biste poboljšali njegov okus i vizualnu privlačnost.
i)   Lagano promiješajte i vaš Log Cabin Latte je spreman za uživanje!

85. Tostirani Marshmallow Cafe Mocha

SASTOJCI:
- 1 šalica espressa ili ½ šalice jake kave
- ½ šalice mlijeka
- 2 žlice čokoladnog sirupa
- ¼ šalice vruće čokolade ili mješavine kakaa
- ¼ šalice mini marshmallowa
- Šlag (po želji)
- Čokoladne strugotine (po želji)

UPUTE:
a) Skuhajte dozu espressa ili pripremite šalicu jake kave. Koristite espresso aparat ili aparat za kavu.
b) Dok se kava kuha, pripremite toplu čokoladu. To možete učiniti tako da u zasebnoj posudi pomiješate ¼ šalice vruće vode s vrućom čokoladom ili mješavinom kakaa. Miješajte dok se dobro ne otopi.
c) U malom loncu zagrijte ½ šalice mlijeka na laganoj do srednjoj vatri dok ne postane vruće, ali ne proključa. Ako imate pjenilicu za mlijeko , zapjenite mlijeko kako biste postigli ekstra kremastu teksturu.
d) Započnite dodavanjem doze espressa ili kuhane kave u šalicu za kavu.
e) Umiješajte 2 žlice čokoladnog sirupa u kavu, pazeći da se dobro sjedine.
f) Pripremljenu toplu čokoladu postupno ulijevajte u smjesu s kavom i dobro promiješajte da se okusi sjedine.
g) Vruće, pjenasto mlijeko oprezno ulijevajte u smjesu za kavu žlicom da zadržite pjenu dok mlijeko ne poteče.
h) Prilagodite svoj Toasted Marshmallow Cafe Mocha s mini marshmallow kolačićima po želji, dodajući koliko god želite.
i) Za dodatni ugodan dodir, ako želite, na vrh ga dodajte malo tučenog vrhnja i pospite komadićima čokolade.
j) Ako slučajno imate kuhinjsku baklju, možete lagano tostirati marshmallows na vrhu dok ne postanu zlatnosmeđi i lagano hrskavi. Budite oprezni kako biste spriječili opekline.
k) Na kraju ubacite slamku ili dugačku žlicu, lagano promiješajte i uživajte u svojoj divnoj tostiranoj moki od marshmallow Cafe!

86. Minty Mocha Mocktail

SASTOJCI:
- 1 šalica espressa
- 1 unca čokoladnog sirupa
- ½ unce sirupa od peperminta
- Kocke leda
- Mlijeko ili vrhnje (po želji)

UPUTE:
a) Promućkajte espresso, čokoladni sirup i sirup od peperminta s ledom.
b) Po želji dodajte mlijeko ili vrhnje.

87. Hladnjak za kavu od kokosa

SASTOJCI:
- ½ šalice hladno kuhane kave
- ½ šalice kokosovog mlijeka
- 2 žlice meda
- Kocke leda

UPUTE:
a) Pomiješajte kavu, kokosovo mlijeko i med na ledu.

88.Orange Spice kava

SASTOJCI:
- 1 šalica vruće kuhane kave
- ½ žličice narančine korice
- ¼ žličice cimeta

UPUTE:
a) Započnite kuhanjem šalice vaše omiljene kave. Možete koristiti aparat za kavu na kapaljku, francusku prešu ili bilo koju drugu metodu koja vam se više sviđa. Neka bude vruće i svježe skuhano za najbolji okus.
b) Dodajte narančinu koricu. Korica naranče udahnut će kavu prekrasan miris i okus citrusa.
c) Zatim u kavu dodajte ¼ žličice cimeta.
d) Žlicom ili štapićem za miješanje temeljito umiješajte koricu naranče i cimet u kavu. Provjerite sastojke dobro su uklopljeni za uravnotežen okus.
e) Vaša kava Orange Spice sada je spremna za uživanje.

89. Caramel Macchiato Mocktail

SASTOJCI:
- 1 šalica espressa
- 1 unca karamel sirupa
- ½ šalice mlijeka
- Kocke leda

UPUTE:
a) Promućkajte espresso i karamel sirup s ledom.
b) Prelijte mlijekom.

90.Ledena kava od badema

SASTOJCI:
- ½ šalice tučenog vrhnja
- ½ žličice ekstrakta badema
- Kocke leda
- 2 žlice zaslađenog kondenziranog mlijeka
- 1 šalica pola-pola
- 1 žlica šećera
- 2 šalice kave
- Narezani bademi, za ukras

UPUTE:
a) Pomiješajte kavu, pola-pola, kondenzirano mlijeko, šećer i ekstrakt badema u vrču.
b) Prelijte ledom u 4 čaše ili šalice.
c) Svaki dio prelijte šlagom i ukrasite s par kriški badema.

91. Ledena javorova kava

SASTOJCI:
- ¼ šalice tučenog vrhnja
- 1 šalica svježe skuhane kave
- 3 žlice javorovog sirupa Kockice leda

UPUTE:
a) Umiješajte javorov sirup u kavu i prelijte preko leda.
b) Na vrh staviti šlag.

92. Ledeni Mochaccino

SASTOJCI:
- 1 šalica sladoleda od vanilije ili smrznutog jogurta
- 1 žlica šećera
- ¼ šalice gustog vrhnja, lagano umućenog
- ½ šalice kuhanog espressa, ohlađenog
- 6 žlica čokoladnog sirupa
- ½ šalice mlijeka

UPUTE:
a) Stavite espresso, čokoladni sirup, šećer i mlijeko u blender, zatim miksajte dok se dobro ne sjedine.
b) Dodajte sladoled ili jogurt u smjesu i miješajte dok ne dobijete glatku konzistenciju.
c) Dobivenu smjesu podijelite u dvije ohlađene čaše i svaku ukrasite šlagom i čokoladnim kovrčama ili pospite cimetom ili kakaom.

93.Gorka ledena kava

SASTOJCI:
- Gorčine , po ukusu
- ½ žličice ekstrakta vanilije
- 2 čajne žličice šećera _
- 6 unci kave
- Kocke leda
- Šlag ili pola-pola (po želji)

UPUTE:

a) Pomiješajte biter, vaniliju i šećer s kavom dok smjesa ne postane gusti sirup.

b) Stavite 2½ žličice ove mješavine u svakih 6 unci kave. Poslužite preko leda.

c) Stavite na vrh šlag ili pola-pola na vrh pića, ako želite.

BILJNE INFUZIJE I ČAJEVI

94. Hibiskus-jabuka čaj

SASTOJCI:
- ½ šalice sok od jabuke
- 1 Štapić cimeta
- ½ šalice Čaj od hibiskusa
- Šećer ili zaslađivač
- Kora limuna za ukras

UPUTE:
a) Pomiješajte sok od jabuke i štapić cimeta u loncu.
b) Kuhajte 2 minute uz povremeno miješanje .
c) Dodajte čaj u lonac i promiješajte.
d) Uklonite štapić cimeta i ulijte čaj u šalicu.
e) Dodajte šećer i ukrasite korom limuna.

95. Marokanski čaj od mente

SASTOJCI:
- 2 žlice Kineski zeleni čaj
- 5 šalica Kipuća voda
- 1 vezica svježe metvice, oprane
- 1 šalica Šećer

UPUTE:
a) Stavite čaj u čajnik. Ulijte kipuću vodu.
b) Kuhajte 3 minute.
c) Dodajte mentu u lonac.
d) Kuhajte 4 minute. Dodajte šećer.
e) Poslužiti.

96.Čaj s ružinim mlijekom

SASTOJCI:
- 2 žlice sirupa od ruže _ _
- 2 t žličice oolong čaja
- 400 ml mlijeka
- 3 žlice bisera tapioke _ _ _
- 3 t žličice šećera

UPUTE:
a) Prokuhajte 2 šalice vode.
b) Dodajte perlice tapioke i šećer.
c) Ostavite ih da odstoje 5 minuta.
d) Prokuhajte 2 šalice vode i dodajte svoj oolong čaj sa sirupom od ruže.
e) Kuhajte 4 minute.
f) Ulijte mlijeko i pustite da se strmi.
g) Uklonite čaj i dodajte bisere tapioke.
h) Ukrasite laticama ruže i poslužite vruće.

97. Čaj od meda od anisa

SASTOJCI:
- 1 čajna žličica Osušeno lišće anisa
- 1 šalica Kipuća voda
- 1 čajna žličica Med
- 1 Kriška limuna

UPUTE:
a) Stavite listove anisa u šalicu i prelijte ih kipućom vodom.
b) Pustite da se strmi 7 minuta.
c) umiješajte med i poslužite s kriškom limuna.

98. Ledeni čaj od paprene metvice

SASTOJCI:
- 4 žličice mješavine pekoe naranče i crnog čaja
- 6 šalica Filtrirana voda
- 6 Grančice svježe paprene metvice
- Led
- L kriške limuna i šećer; za posluživanje

UPUTE:
a) U vrču pomiješajte vrećice čaja, vodu i metvicu.
b) Pokrijte i stavite na sunčano mjesto oko 5 sati.
c) riješite se vrećica čaja. U visoke čaše prelijte čaj preko leda.
d) Ukrasite limunom i poslužite sa šećerom.

99.Ledeni čaj od kamilice

SASTOJCI:
- ½ šalice Biljni čaj od kamilice
- Kocke leda
- 2 žlice Sok od bijelog grožđa
- 2 žlice sok od jabuke
- Kriške grožđa i jabuke za ukras

UPUTE:
a) Pomiješajte čaj i sokove.
b) Ulijte u čašu napunjenu ledom i ukrasite grožđem i jabukama.

100.Čaj od mente i lavande

SASTOJCI:
- 1/2 šalice listova mente
- 2 žlice nektara agave
- 2 žlice sušene lavande

UPUTE:
a) Sjediniti sve sastojke.
b) Ulijte 4 šalice kipuće vode.
c) Poslužite ohlađeno.

ZAKLJUČAK

Dok dolazimo do završnih stranica "NAJBOLJA KNJIGA O APERITIVU NAKON SKIJANJA", nadamo se da ste otkrili novu vrijednost za umjetnost après-skija. Osim recepata, ova zbirka je proslava zimskog duha - podsjetnik da se radost skijanja proteže daleko izvan padina i u srce naših okupljanja, gdje se spajaju smijeh, toplina i ukusna pića.

Neka ovih 100 ugodnih napitaka doda dašak čarolije vašoj zimskoj sezoni, stvarajući drage trenutke s prijateljima i voljenima . Bilo da zveckate šalicama u užurbanoj kući ili uživate u mirnoj večeri kod kuće, recepti na ovim stranicama svjedočanstvo su radosti koja se može pronaći u jednostavnim zimskim užicima.

Dakle, evo pucketanja vatre, svjetlucavih svjetala i zajedničkih priča koje čine après ski cijenjenom tradicijom. Dok ispijate ova pića koja griju dušu, neka budu savršena pratnja vašim zimskim avanturama, stvarajući uspomene koje će ostati dugo nakon što se snijeg otopi i skije budu pospremljene. Živjeli za sezonu ispunjenu toplinom, druženjem i divnim okusima "NAJBOLJA KNJIGA O APERITIVU NAKON SKIJANJA"!

www.ingramcontent.com/pod-product-compliance
Lightning Source LLC
Chambersburg PA
CBHW071908110526
44591CB00011B/1603